von Ottilie Vollmöller

28·02·2017

Joseph von Eichendorff
Markt und Straßen stehn verlassen

Schläft ein Lied in allen Dingen,
Die da träumen fort und fort,
Und die Welt hebt an zu singen,
Triffst du nur das Zauberwort.

JOSEPH VON EICHENDORFF

Markt und Straßen stehn verlassen

Das Lesebuch für stille Stunden

benno

Bibliografische Information der Deutschen Nationalbibliothek
Die Deutsche Nationalbibliothek verzeichnet diese Publika-
tion in der Deutschen Nationalbibliografie; detaillierte biblio-
grafische Daten sind im Internet unter http://dnb.d-nb.de
abrufbar.

Besuchen Sie uns im Internet:
www.st-benno.de

Gern informieren wir Sie unverbindlich und aktuell
auch in unserem Newsletter zum Verlagsprogramm,
zu Neuerscheinungen und Aktionen. Einfach anmelden unter
www.st-benno.de.

ISBN 978-3-7462-3706-0

© St. Benno-Verlag GmbH, Leipzig
Zusammenstellung: Volker Bauch, Leipzig
Umschlaggestaltung: Ulrike Vetter, Leipzig
Umschlagabbildung: © Hans-Peter Naundorf/Shutterstock.de
Gesamtherstellung: Kontext, Lemsel (B)

INHALTSVERZEICHNIS

Des Winters Stille

Die Stille

Es weiß und rät es doch keiner,
Wie mir so wohl ist, so wohl!
Ach, wüsst es nur Einer, nur Einer,
Kein Mensch es sonst wissen sollt!

So still ist's nicht draußen im Schnee,
So stumm und verschwiegen sind
Die Sterne nicht in der Höhe,
Als meine Gedanken sind.

Ich wünscht, es wäre schon Morgen,
Da fliegen zwei Lerchen auf,
Die überfliegen einander,
Mein Herze folgt ihrem Lauf.

Ich wünscht, ich wäre ein Vöglein
Und zöge über das Meer,
Wohl über das Meer und weiter,
Bis dass ich im Himmel wär!

1826

Winternacht

Verschneit liegt rings die ganze Welt,
Ich hab nichts, was mich freuet,
Verlassen steht der Baum im Feld,
Hat längst sein Laub verstreuet.

Der Wind nur geht bei stiller Nacht
Und rüttelt an dem Baume,
Da rührt er seinen Wipfel sacht
Und redet wie im Traume.

Er träumt von künft'ger Frühlingszeit,
Von Grün und Quellenrauschen,
Wo er im neuen Blütenkleid
Zu Gottes Lob wird rauschen.

1819

Die Geburt

Es war eine tiefe, stille, klare Winternacht des Jahres 1788, die Konstellation war überaus günstig, Jupiter und Venus blinkten freundlich auf die weißen Dächer, der Mond stand im Zeichen der Jungfrau und musste Schlag Mitternacht kulminieren. Da gewahrte man auf dem einsamen Landschloss zu L. ein wunderbares, geheimnisvolles Treiben und Durcheinanderrennen Treppauf, Treppab, Lichter irrten und verschwanden an den Fenstern, aber alles still und lautlos, als schweiften Geister durch das alte Haus. Schade, dass ich damals nicht aus dem Fenster sehen konnte, weil ich noch nicht geboren war, denn die Gegend unten hatte feierlich ein schneeweißes Gewand angetan und der Mond flimmernde Juwelen darüber geworfen, die Bäume im Garten standen festlich gepudert vom Reif in stil-

ler Erwartung, nur die schlanken Pappeln konnten es nicht erwarten und verneigten sich im Winde immerfort ehrerbietig gegen das Schloss und die weißen Schornsteine streckten sich verträumt, um zu sehn, was es gäbe, denn hoch über sie fort ging ein nächtlicher Wanderzug wilder Gänse, an die Flucht der Stunden mahnend, und manchmal schlug ein Hund an fern im Dorf: *Bau, bau nicht auf Sicherheit*, bau, schau, wie fliegt die Zeit! – Tiefer im Garten aber sah man lauernd zwischen den Bäumen ein verworrenes Häuflein dunkler Männer im dicken Dampf des eignen Brodems wie in einem Zauberrauch, in welchem sie ihre erstarrten Arme gleich Windmühlflügeln hin und her bewegten, während andre von Zeit zu Zeit eine Handvoll Schnee nahmen und sich die halb erfrornen Nasen rieben.

Jetzt knirschten auf einmal Fußtritte draußen über den verschneiten Hof, eine vermummte Gestalt schlich vorsichtig dicht an den Mauern dem Hinterpförtchen zu. Der alte Daniel war's, ... er begab sich eilig zu dem dunklen Häuflein im Garten. – Dort hatten sich nämlich Koch, Jäger und der Organist mit Trompeten und Pauken versammelt, um mich, sobald ich das Licht der Welt erblickt, feierlich anzublasen. Daneben standen einige geladene Böller, womit Daniel den Takt dazu schlagen wollte, die Hebamme sollte mit einem weißen Tuch aus einem der Fenster das Signal geben. Aber die hatte jetzt ganz andre Dinge im Kopf, sie war eine resolute Frau und mit den Mägden soeben in großen Zank geraten; in der Wut warf sie eine Windel, die ihr zu schlecht dünkte, ohne weiteres zum Fenster hinaus. Das schimmerte weit durch die Nacht – da löste Daniel unverzüglich den ersten Böller, der Organist mit dem Tusch gleich hinterdrein, darüber aber erschrak meine Mutter dergestalt, dass sie plötzlich in eine Ohnmacht fiel.

Nun donnerte draußen unaufhaltsam Böller

auf Böller, die Trompeten schmetterten, die Schlossuhr schlug ganz verwirrt Zwölfe dazwischen – alles umsonst: die Riechfläschchen für meine Mutter waren nicht so schnell herbeigeschafft, die Konstellation, trotz der vortrefflichen Aspekten, war verpasst, ich wurde grade um anderthalb Minuten zu spät geboren.

Eine lumpige Spanne Zeit! Und doch holt sie keiner wieder ein, das Glück ist einmal im Vorsprung, er im Nachtrab, und es ist schlecht traben, wenn man vor lauter Eile mit der einen Hand in den falschen Ärmel gefahren, und mit der anderen, um keine Zeit zu verlieren, sich die Beinkleider halten muss. Um ein Haar ist er überall der erste, um ein Haar macht er die brillantesten Partien im Lande, um ein Haar bekommt er einen Lorbeerkranz im Morgenblatt und Orden mit Eichenlaub, Bändern und Schleifen wie ein Festochs; kurz: er findet überall ein Haar, bis er selber keins mehr auf dem Kopfe hat.

Weihnachten

Markt und Straßen stehn verlassen,
Still erleuchtet jedes Haus,
Sinnend geh ich durch die Gassen,
Alles sieht so festlich aus.

An den Fenstern haben Frauen
Buntes Spielzeug fromm geschmückt,
Tausend Kindlein stehn und schauen,
Sind so wunderstill beglückt.

Und ich wandre aus den Mauern
Bis hinaus ins freie Feld,
Hehres Glänzen, heil'ges Schauern!
Wie so weit und still die Welt!

Sterne hoch die Kreise schlingen,
Aus des Schnees Einsamkeit
Steigt's wie wunderbares Singen –
O du gnadenreiche Zeit!

1837

Gottes Segen

Das Kind ruht aus vom Spielen,
Am Fenster rauscht die Nacht,
Die Engel Gott's im Kühlen
Getreulich halten Wacht.

Am Bettlein still sie stehen,
Der Morgen graut noch kaum.
Sie küssen's, eh' sie gehen,
Das Kindlein lacht im Traum.

1837

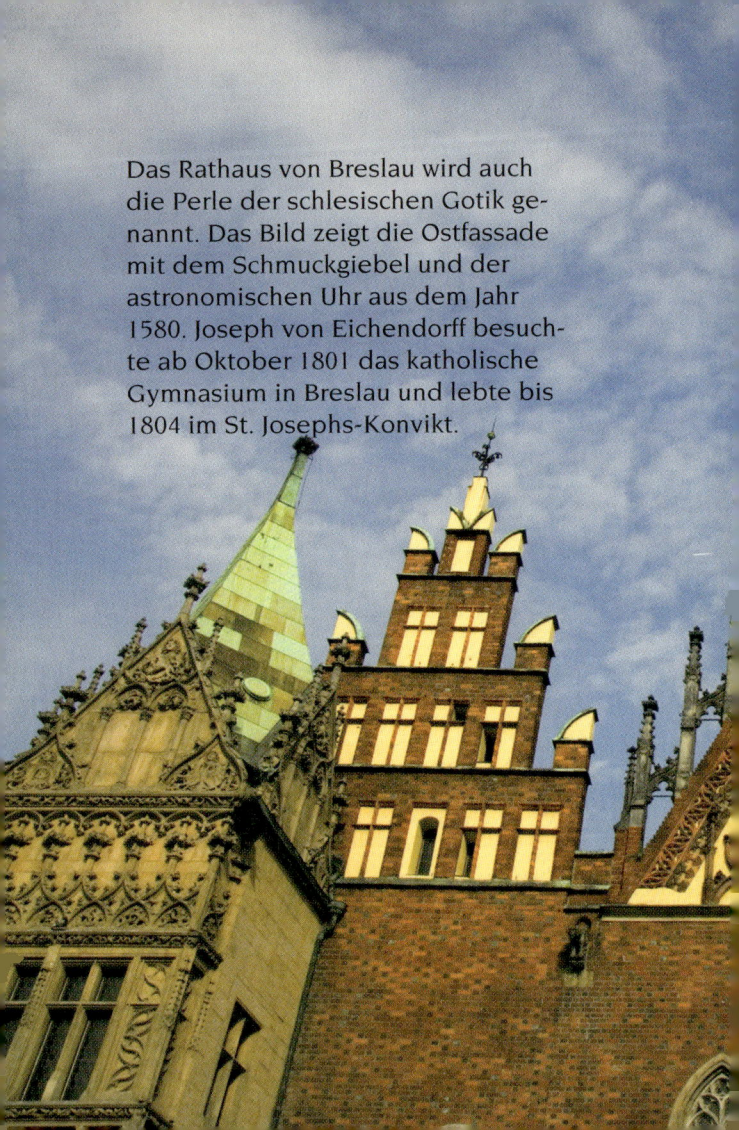

Das Rathaus von Breslau wird auch die Perle der schlesischen Gotik genannt. Das Bild zeigt die Ostfassade mit dem Schmuckgiebel und der astronomischen Uhr aus dem Jahr 1580. Joseph von Eichendorff besuchte ab Oktober 1801 das katholische Gymnasium in Breslau und lebte bis 1804 im St. Josephs-Konvikt.

Der Schnee

Wann der kalte Schnee zergangen,
Stehst du draußen in der Tür,
Kommt ein Knabe schön gegangen,
Stellt sich freundlich da zu dir,
Lobet deine frischen Wangen,
Dunkle Locken, Augen licht,
Wann der kalte Schnee zergangen,
Glaub dem falschen Herzen nicht!

Wann die lauen Lüfte wehen,
Scheint die Sonne lieblich warm:
Wirst du wohl spazierengehen,
Und er führet dich am Arm,
Tränen dir im Auge stehen,
Denn so schön klingt, was er spricht,
Wann die lauen Lüfte wehen,
Glaub dem falschen Herzen nicht!

Wann die Lerchen wieder schwirren,
Trittst du draußen vor das Haus,
Doch er mag nicht mit dir irren,
Zog weit in das Land hinaus;
Die Gedanken sich verwirren,
Wie du siehst den Morgen rot, –
Wann die Lerchen wieder schwirren,
Armes Kind, ach wärst du tot!

1810/12

Die Burg
Giebichenstein
in Halle/Saale mit
der Kröllwitzer
Brücke.
Die Burg ist eine
der ältesten Bur-
gen am Lauf der
Saale. Die erste
Erwähnung geht
auf das Jahr 1000
zurück. Joseph von
Eichendorff stu-
dierte gemeinsam
mit seinem Bruder
von 1805 bis 1806
in Halle Jura und
Geisteswissen-
schaften. Dabei
lernte er während
der Vorlesungen
auch Friedrich
Schleiermacher
kennen.

Entschluss

Noch schien der Lenz nicht gekommen,
Es lag noch so stumm die Welt,
Da hab den Stab ich genommen,
Zu pilgern ins weite Feld.

Und will auch kein' Lerch' sich schwingen,
Du breite die Flügel, mein Herz,
Lass hell und fröhlich uns singen
Zum Himmel aus allem Schmerz!

Da schauen im Tale erschrocken
Die Wandrer rings in die Luft,
Mein Liebchen schüttelt die Locken,
Sie weiß es wohl, wer sie ruft.

Und wie sie noch stehn und lauschen,
Da blitzt es schon fern und nah,
All' Wälder und Quellen rauschen,
Und Frühling ist wieder da!

1814

Des
Frühlings
Lebendigkeit

Der frohe Wandersmann

Wem Gott will rechte Gunst erweisen,
Den schickt er in die weite Welt,
Dem will er seine Wunder weisen
In Berg und Wald und Strom und Feld.

Die Trägen die zu Hause liegen,
Erquicket nicht das Morgenrot,
Sie wissen nur von Kinderwiegen,
Von Sorgen, Last und Not um Brot.

Die Bächlein von den Bergen springen,
Die Lerchen schwirren hoch vor Lust,
Was sollt ich nicht mit ihnen singen
Aus voller Kehl' und frischer Brust?

Den lieben Gott lass ich nun walten;
Der Bächlein, Lerchen, Wald und Feld
Und Erd und Himmel will erhalten,
Hat auch mein' Sach' aufs best' bestellt.

1823

Der stille Grund

Der Mondenschein verwirret
Die Täler weit und breit,
Die Bächlein, wie verirret,
Gehn durch die Einsamkeit.

Da drüben sah ich stehen
Den Wald auf steiler Höh',
Die finstern Tannen sehen
In einen tiefen See.

Ein Kahn wohl sah ich ragen,
Doch niemand, der es lenkt',
Das Ruder war zerschlagen,
Das Schifflein halb versenkt.

Eine Nixe auf dem Steine
Flocht dort ihr goldnes Haar,
Sie meint', sie wär alleine,
Und sang so wunderbar.

Sie sang und sang, in den Bäumen
Und Quellen rauscht' es sacht,
Und flüsterte wie in Träumen
Die mondbeglänzte Nacht.

Ich aber stand erschrocken,
Denn über Wald und Kluft
Klangen die Morgenglocken
Schon ferne durch die Luft.

Und hätt ich nicht vernommen
Den Klang zu guter Stund',
Wär nimmermehr gekommen
Aus diesem stillen Grund.

1835

Morgendämmerung

Gedenk ich noch der Frühlingsnächte
Vor manchem, manchem Jahr,
Wie wir zusammen im Garten standen
Und unten über den Landen
Alles so still noch war.

Wie wir standen in Gedanken,
Bis eine Morgenglocke erwacht' –
Das alles ist lange vergangen;
Aber die Glocken, die da klangen,
Hör ich noch oft bei Nacht.

1837

Morgengebet

O wunderbares, tiefes Schweigen,
Wie einsam ist's noch auf der Welt!
Die Wälder nur sich leise neigen,
Als ging' der Herr durchs stille Feld.

Ich fühl mich recht wie neu geschaffen
Wo ist die Sorge nun und Not?
Was mich noch gestern wollt erschlaffen,
Ich schäm mich des im Morgenrot.

Die Welt mit ihrem Gram und Glücke
Will ich, ein Pilger, frohbereit
Betreten nur wie eine Brücke
Zu dir, Herr, übern Strom der Zeit.

Und buhlt mein Lied, auf Weltgunst lauernd,
Um schnöden Sold der Eitelkeit:
Zerschlag mein Saitenspiel, und schauernd
Schweig ich vor dir in Ewigkeit.

1814

Der Morgen

Fliegt der erste Morgenstrahl
Durch das stille Nebeltal,
Rauscht erwachend Wald und Hügel:
Wer da fliegen kann, nimmt Flügel!

Und sein Hütlein in die Luft
Wirft der Mensch vor Lust und ruft:
„Hat Gesang doch auch noch Schwingen,
Nun, so will ich fröhlich singen!"

Hinaus, o Mensch, weit in die Welt,
Bangt dir das Herz in krankem Mut;
Nichts ist so trüb in Nacht gestellt,
Der Morgen leicht macht's wieder gut.

1815

Der Schlossberg von Quedlinburg mit der berühmten Stiftskirche St. Servatius aus der Zeit der Romanik. Die Kirche wurde im Jahr 1021 vollendet und von Kaiser Heinrich II. geweiht. Joseph von Eichendorff unternahm im Herbst des Jahres 1805 eine ausgedehnte Reise in den Harz. Es entstanden dabei auch die ersten romantischen Schreibübungen des großen Dichters.

Frühlingsgruß

Es steht ein Berg in Feuer,
In feurigem Morgenbrand,
Und auf des Berges Spitze
Ein Tannbaum überm Land.

Und auf dem höchsten Wipfel
Steh ich und schau vom Baum,
O Welt, du schöne Welt, du,
Man sieht dich vor Blüten kaum!

1837

Frühlingsnacht

Übern Garten durch die Lüfte
Hört ich Wandervögel ziehn,
Das bedeutet Frühlingsdüfte,
Unten fängt's schon an zu blühn.

Jauchzen möcht ich, möchte weinen,
Ist mir's doch, als könnt's nicht sein!
Alte Wunder wieder scheinen
Mit dem Mondesglanz herein.

Und der Mond, die Sterne sagen's,
Und in Träumen rauscht's der Hain,
Und die Nachtigallen schlagen's:
Sie ist Deine, sie ist dein!

1837

Frühe

Im Osten graut's, der Nebel fällt,
Wer weiß, wie bald sich's rühret!
Doch schwer im Schlaf noch ruht die Welt,
Von allem nichts verspüret.

Nur eine frühe Lerche steigt,
Es hat ihr was geträumet
Vom Lichte, wenn noch alles schweigt,
Das kaum die Höhen säumet.

Die Lerche grüßt den ersten Strahl,
Dass er die Brust ihr zünde,
Wenn träge Nacht noch überall
Durchschleicht die tiefen Gründe.

Und du willst, Menschenkind, der Zeit
Verzagend unterliegen?
Was ist dein kleines Erdenleid?
Du musst es überfliegen!

1841

Die Einsame

Die Welt ruht still im Hafen,
Mein Liebchen, gute Nacht!
Wann Wald und Berge schlafen,
Treu' Liebe einsam wacht.

Ich bin so wach und lustig,
Die Seele ist so licht,
Und eh ich liebt, da wusst ich
Von solcher Freude nicht.

Ich fühl mich so befreit
Von eitlem Trieb und Streit,
Nichts mehr das Herz zerstreuet
In seiner Fröhlichkeit.

Mir ist, als müsst ich singen
So recht aus tiefster Lust
Von wunderbaren Dingen,
Was niemand sonst bewusst.

O könnt ich alles sagen!
O wär ich recht geschickt!
So muss ich still ertragen,
Was mich so hoch beglückt.

1815

Der 132 Meter hohe Turm
der St. Michaelis-Kirche
in Hamburg ist eines der
Wahrzeichen der Hanse-
stadt. Der Bau der barocken
Kirche wurde im Jahr 1786
vollendet. Auf ihrer Reise
im Jahr 1805 besuchten die
Brüder Eichendorff auch
Hamburg. Ein literarisches
Porträt der Hansestadt
findet sich in den Schriften
des Dichters.

Bei einer Linde

Seh ich dich wieder, du geliebter Baum,
In dessen junge Triebe
Ich einst in jenes Frühlings schönstem Traum
Den Namen schnitt von meiner ersten Liebe?

Wie anders ist seitdem der Äste Bug,
Verwachsen und verschwunden
Im härtren Stamm der vielgeliebte Zug,
Wie ihre Liebe und die schönen Stunden!

Auch ich seitdem wuchs stille fort, wie du,
Und nichts an mir wollt weilen,
Doch *meine* Wunde wuchs – und wuchs nicht zu,
Und wird wohl niemals mehr hienieden heilen.

1826

Intermezzo

Dein Bildnis wunderselig
Hab ich im Herzensgrund,
Das sieht so frisch und fröhlich
Mich an zu jeder Stund'.

Mein Herz still in sich singet
Ein altes, schönes Lied,
Das in die Luft sich schwinget
Und zu dir eilig zieht.

1810

Des
Sommers
Wärme

Mittagsruh'

Über Bergen, Fluss und Talen,
Stiller Lust und tiefen Qualen
Webet heimlich, schillert, Strahlen!
Sinnend ruht des Tags Gewühle
In der dunkelblauen Schwüle,
Und die ewigen Gefühle,

Was dir selber unbewusst,
Treten heimlich groß und leise
Aus der Wirrung fester Gleise,
Aus der unbewachten Brust
In die stillen, weiten Kreise.

1812/14

Die berühmte alte Brücke über den Neckar wurde im Jahr 1788 aus Neckarsandstein erbaut. Für Joseph von Eichendorff waren die Jahre in Heidelberg die prägendsten für sein literarisches Leben. So lernte er den Romantiker Joseph Görres kennen. Sein Freund wurde Joseph Otto von Loeben. Ebenso traf er die Vertreter der deutschen Romantik Achim von Arnim und Clemens Brentano.

An die Waldvögel

Konnt mich auch sonst mitschwingen
Übers grüne Revier,
Hatt ein Herze zum Singen
Und Flügel wie ihr.

Flog über die Felder,
Da blüht' es wie Schnee,
Und herauf durch die Wälder
Spiegelt' die See.

Ein Schiff sah ich gehen
Fort über das Meer,
Meinen Liebsten drin stehen –
Dacht meiner nicht mehr.

Und die Segel verzogen,
Und es dämmert' das Feld,
Und ich hab mich verflogen
In der weiten, weiten Welt.

1839

Lied

In einem kühlen Grunde,
Da geht ein Mühlenrad,
Mein' Liebste ist verschwunden,
Die dort gewohnet hat.

Sie hat mir Treu versprochen,
Gab mir ein'n Ring dabei,
Sie hat die Treu gebrochen,
Mein Ringlein sprang entzwei.

Ich möcht' als Spielmann reisen
Weit in die Welt hinaus,
Und singen meine Weisen,
Und gehn von Haus zu Haus.

Ich möcht' als Reiter fliegen
Wohl in die blut'ge Schlacht,
Um stille Feuer liegen
Im Feld bei dunkler Nacht.

Hör' ich das Mühlrad gehen,
Ich weiß nicht, was ich will –
Ich möcht' am liebsten sterben,
Da wär's auf einmal still!

1810

Das Schiff der Kirche

Die alten Türme sah man längst schon
   wanken,
Was unsre Väter fromm gebaut, errungen,
Thron, Burg, Altar, es hat sie all'
   verschlungen
Ein wilder Strom entfesselter Gedanken.

Der wühlt sich breit und breiter ohne
   Schranken,
Ein Meer, wo zornigbäumend
   aufgeschwungen
Die trüben Fluten Fels um Fels
   bezwungen,
und alle Rettungsufer rings versanken.

Doch drüberhin gewölbt ein
    Friedensbogen,
Wohin nicht reichen die empörten Wogen,
Und unter ihm ein Schiff dahingezogen,
Das weiß nichts von der Wasser wüstem
    Branden,
Das macht der Stürme Wirbeltanz
    zuschanden –
O Herr, da lass uns alle selig landen!

1848

Der Friede Gottes

Das ist ein Friede Gottes überall, als zögen die Engelscharen singend über die Erde! die armen Menschenkinder! sie hören's nur wie im Traum. Müde da unten, verirrt in der Fremde und Nacht, wie sie weinend rufen und des Vaters Haus suchen, und wo ein Licht schimmert, klopfen sie furchtsam an die Tür, und es wird ihnen aufgetan, aber sie sollen den Fremden dienen um das tägliche Brot; darüber werden sie groß und alt, und kennen die Heimat und den Vater nicht mehr. O wer ihnen allen den Frieden bringen könnte! Aber wer das ehrlich will, muss erst Frieden stiften in sich selbst, und wenn er darüber zusammenbräche, was tut's! —

1833

Gebet

Was soll ich, auf Gott nur bauend,
Schlechter sein, als all' die andern,
Die, so wohlbehaglich schauend,
Froh dem eignen Nichts vertrauend,
Die gemeine Straße wandern?

Warum gabst du mir die Güte,
Die Gedanken himmelwärts,
Und ein ritterlich Gemüte,
Das die Treue heilig hüte
In der Zeit treulosem Scherz?

Was hast du mich blank gerüstet,
Wenn mein Volk mich nicht begehrt,
Keinen mehr nach Freiheit lüstet,
Dass mein Herz, betrübt, verwüstet,
Nur dem Grabe zugekehrt? –

Lass die Ketten mich zerschlagen,
Frei zum schönen Gottesstreit
Deine hellen Waffen tragen,
Fröhlich beten, herrlich wagen,
Gib zur Kraft die Freudigkeit!

1810

In der Fremde

Aus der Heimat hinter den Blitzen rot
Da kommen die Wolken her,
Aber Vater und Mutter sind lange tot,
Es kennt mich dort keiner mehr.
Wie bald, wie bald kommt die stille Zeit,
Da ruhe ich auch, und über mir
Rauschet die schöne Waldeinsamkeit
Und keiner mehr kennt mich auch hier.

1833

Blick auf die Dominsel in Breslau mit der Kathedrale St. Johannes der Täufer (rechts) mit ihren 96 Meter hohen Türmen. Die Kathedrale wurde zwischen 1244 und 1341 erbaut. Links sieht man die Doppelkirche zum Heiligen Kreuz und zum Heiligen Bartholomäus, aus dem 13./14. Jahrhundert.

Immer wieder kehrte Joseph von Eichendorff in seine schlesische Heimat zurück. Nach dem Jurastudium in Wien schloss er sich 1813 in Breslau dem Lützowschen Freikorps an. Nach der Rückkehr aus Frankreich konnte er 1819 sein juristisches Examen erfolgreich abschließen und wurde Assessor bei der Königlichen Regierung in Breslau.

In Danzig

Dunkle Giebel, hohe Fenster,
Türme tief aus Nebeln sehn,
Bleiche Statuen wie Gespenster
Lautlos an den Türen stehn.

Träumerisch der Mond drauf scheinet,
Dem die Stadt gar wohl gefällt,
Als läg' zauberhaft versteinet
Drunten eine Märchenwelt.

Ringsher durch das tiefe Lauschen,
Über alle Häuser weit,
Nur des Meeres fernes Rauschen –
Wunderbare Einsamkeit!

Und der Türmer wie vor Jahren
Singet ein uraltes Lied:
Wolle Gott den Schiffer wahren,
Der bei Nacht vorüberzieht!

1842

Schloss Charlottenburg in Berlin ist das größte und glanzvollste Hohenzollernschloss. Es wurde ab 1695 erbaut. König Friedrich III. schenkte es als Sommerresidenz seiner Frau Sophie-Charlotte. Joseph von Eichendorff kam 1831 von Königsberg nach Berlin und wurde Hilfsdezernent in verschiedenen Ministerien. Nach seiner Pensionierung im Jahr 1844 übersiedelte er dann fest in die preußische Hauptstadt.

Des Herbstes
Reife

Der Zauber der Heimat

Die Beschreibung Ihrer ländlichen Einsamkeit hat mich wunderbar an meine eigene Jugend erinnert, da ich ebenso, mitten aus dem Tumult der Welt herausgerissen, manches Jahr auf meinem Heimatschlosse verlebte. Diese herbstlichen Abschiedslaute der Wandervögel, das Fallen der Blätter, als wollten sie unser Leben begraben; all das Bangen, Sehnen in den wohlgeheizten sicheren Stuben, wenn es draußen schneit und stürmt – das alles gehört wesentlich dazu, ein rechtes Dichterherz zu vertiefen, und wird auch eigentlich nur von einem rechten Dichterherzen, wie das Ihre, verstanden. Überhaupt kann ein Dichter wohl vom Glücke sagen, wenn er eine *ländliche* Heimat hat, ich kann mir nicht einmal recht denken, wie einem reinen Stadtvogel zumute ist.

Im Herbst

Der Wald wird falb, die Blätter fallen,
Wie öd und still der Raum!
Die Bächlein nur gehn durch die
    Buchenhallen,
Lind rauschend wie im Traum,
Und Abendglocken schallen
Fern von des Waldes Saum.

Was wollt ihr mich so wild verlocken
In dieser Einsamkeit?
Wie in der Heimat klingen diese Glocken
Aus stiller Kinderzeit –
Ich wende mich erschrocken,
Ach, was mich liebt, ist weit!

So brecht hervor nur, alte Lieder,
Und brecht das Herz mir ab!
Noch einmal grüß ich aus der Ferne
    wieder,
Was ich nur Liebes hab,
Mich aber zieht es nieder
Vor Wehmut wie ins Grab.

1837

Nachklänge

O Herbst, in linden Tagen
Wie hast du rings dein Reich
Fantastisch aufgeschlagen,
So bunt und doch so bleich!

Wie öde, ohne Brüder,
Mein Tal so weit und breit,
Ich kenne dich kaum wieder
In dieser Einsamkeit.

So wunderbare Weise
Singt nun dein bleicher Mund,
Es ist, als öffnet' leise
Sich unter mir der Grund.

Und ich ruht' überwoben,
Du sängest immerzu,
Die Linde schüttelt' oben
Ihr Laub und deckt' mich zu.

1837

Der Park Schönbrunn
in Wien wurde ab
1743 unter Kaiserin
Marie Theresia rund
um das weltberühm-
te Schloss in seiner
heutigen Form an-
gelegt. 1779 wurde
er von Kaiser Joseph
II. der Öffentlichkeit
zugänglich gemacht
und wurde zu einem
der wichtigsten Erho-
lungsgebiete für die
Wiener Bevölkerung.
Joseph von Eichen-
dorff studiert nach
der Heidelberger
Zeit 1810 in Wien
Jura und besucht die
Stadt 1845 und 1847
noch einmal.

Im Abendrot

Wir sind durch Not und Freude
Gegangen Hand in Hand,
Vom Wandern ruhn wir beide
Nun überm stillen Land.

Rings sich die Täler neigen,
Es dunkelt schon die Luft,
Zwei Lerchen nur noch steigen
Nachträumend in den Duft.

Tritt her, und lass sie schwirren,
Bald ist es Schlafenszeit,
Dass wir uns nicht verirren
In dieser Einsamkeit.

O weiter, stiller Friede!
So tief im Abendrot
Wie sind wir wandermüde –
Ist das etwa der Tod?

1837

Nachts

Ich stehe in Waldesschatten
Wie an des Lebens Rand,
Die Länder wie dämmernde Matten,
Der Strom wie ein silbern Band.

Von fern nur schlagen die Glocken
Über die Wälder herein,
Ein Reh hebt den Kopf erschrocken
Und schlummert gleich wieder ein.

Der Wald aber rühret die Wipfel
Im Traum von der Felsenwand.
Denn der Herr geht über die Gipfel
Und segnet das stille Land.

1823

Mondnacht

Es war, als hätt' der Himmel
Die Erde still geküsst,
Dass sie im Blütenschimmer
Von ihm nun träumen müsst.

Die Luft ging durch die Felder,
Die Ähren wogten sacht,
Es rauschten leis' die Wälder,
So sternklar war die Nacht.

Und meine Seele spannte
Weit ihre Flügel aus,
Flog durch die stillen Lande,
Als flöge sie nach Haus.

1830

Der Vögel Abschied

Ade, ihr Felsenhallen,
Du schönes Waldrevier,
Die falben Blätter fallen,
Wir ziehen weit von hier.

Träumt fort im stillen Grunde!
Die Berg' stehn auf der Wacht,
Die Sterne machen Runde
Die lange Winternacht.

Und ob sie all verglommen,
Die Täler und die Höhn –
Lenz muss doch wiederkommen
Und alles auferstehn!

1848

Vorbei

Das ist der alte Baum nicht mehr,
Der damals hier gestanden,
Auf dem ich gesessen im Blütenmeer
Über den sonnigen Landen.

Das ist der Wald nicht mehr, der sacht
Vom Berge rauschte nieder,
Wenn ich vom Liebchen ritt bei Nacht,
Das Herz voll neuer Lieder.

Das ist nicht mehr das tiefe Tal
Mit den grasenden Rehen,
In das wir nachts vieltausendmal
Zusammen hinausgesehen.

Es ist der Baum noch, Tal und Wald,
Die Welt ist jung geblieben,
Du aber wurdest seitdem alt,
Vorbei ist das schöne Lieben.

1839

Wechsel

Es fällt nichts vor, mir fällt nichts ein,
Ich glaub, die Welt steht still,
Die Zeit tritt auf so leis und fein,
Man weiß nicht, was sie will.

Auf einmal rührt sich's dort und hier –
Was das bedeuten mag?
Es ist, als hört'st du über dir
Einen frischen Flügelschlag.

Rasch steigen dunkle Wetter auf,
Schon blitzt's und rauscht die Rund',
Der lust'ge Sturmwind fliegt vorauf –
Da atm' ich aus Herzensgrund.

1840

Abschied

Abendlich schon rauscht der Wald
Aus den tiefen Gründen,
Droben wird der Herr nun bald
An die Sterne zünden,
Wie so stille in den Schlünden,
Abendlich nur rauscht der Wald.

Alles geht zu seiner Ruh',
Wald und Welt versausen,
Schauernd hört der Wandrer zu,
Sehnt sich recht nach Hause,
Hier in Waldes grüner Klause
Herz, geh endlich auch zur Ruh'!

1839

Zeittafel

Am 10. März 1788

wurde Joseph von Eichendorff in Lubo-
witz geboren.

1793-1801

Unterricht bei dem katholischen Geist-
lichen Bernhard Heike auf Schloss Lu-
bowitz.

Ab 1801

gemeinsamer Schulbesuch mit seinem
Bruder Wilhelm in Breslau. Sie lebten
im St. Josephs-Konvikt.

1803

Abschluss der Schule und erste Studien
an der Universität Breslau.

1805/1806

Studium in Halle und Reisen nach
Hamburg und Lübeck über den Harz im
Herbst 1805.

1807

Fortsetzung des Jura-Studiums in Heidelberg. Erste Kontakte zu den Romantikerkreisen.

1808

auf Schloss Lubowitz.

1809

Verlobung mit Luise von Larisch.

1812

Juristisches Staatsexamen.

1813

Reise nach Breslau und Beitritt zu den Lützowschen Freikorps und Offizier der Preußischen Landwehr.

1815

Am 7. April heiratet Joseph von Eichendorff Luise von Larisch. Teilnahme am Frankreich-Feldzug.

1819

Erfolgreiches Staatsexamen und Anstellung bei der Königlichen Regierung in Breslau.

1821

Regierungsrat in Danzig.

1824

Umzug nach Königsberg.

1826

Sein berühmter Roman „Aus dem Leben eines Taugenichts" erscheint.

1831

Übersiedlung nach Berlin. Hilfsdezernent in verschiedenen Ministerien.

1832–1840

Es erscheinen die bekannten Erzählungen und Gedichte („Das Schloss Dürande", „Die Freier", „Dichter und ihre Gesellen").

1841

Ernennung zum Regierungsrat.

1843

Rückkehr nach Danzig.

1844

Versetzung in den Ruhestand.